Lebensborn

Der Verlag HELVETIQ wird vom Bundesamt für Kultur mit einem Strukturbeitrag für die Jahre 2021–2025 unterstützt.

Lebensborn
Was meine Familie mit der NS-Rassenpolitik zu tun hat

Text und Illustrationen: Isabelle Maroger
Satz und Layout: Isabelle Maroger und Ewelina Proczko
Übersetzung aus dem Französischen: Silv Bannenberg
Lektorat: Myriam Sauter
Korrektorat: Ulrike Ebenritter

ISBN: 978-3-03964-113-0
1. Auflage: August 2025
Hinterlegung eines Pflichtexemplars in der Schweiz: August 2025
Gedruckt in der Tschechischen Republik

Produktsicherheitsverordnung (GPSR)
Verlag/Hersteller: Helvetiq Verlag AG
Mittlere Strasse 4, 4056 Basel, Schweiz, info@helvetiq.ch
In der EU: Agorando Technologies GmbH
An der Südspitze 1–12, 04571 Rötha, Deutschland,
info@agorando.com

- Auf den Seiten 143 und 144 ist die von Maurice Garnier gestaltete Umhängetasche der École Émile Cohl zu sehen.
- Das Design der Tasche auf den Seiten 198, 199, 200, 201, 202 und 203 stammt von Darsh (Darshan Fernando).
- Seite 150: Cover der Taschenbuchausgabe von *Das Tagebuch der Anne Frank*.

HELVETIQ helvetiq.com

Teil der Kollektion **Eintauchen**
Die Kollektion *Eintauchen* ermöglicht das Erfahren von bisher wenig bekannten Realitäten.

MIX
Papier aus verantwortungsvollen Quellen
FSC www.fsc.org FSC® C014138

Isabelle Maroger

Lebensborn

Lyon, September 2022

Eine Woche bevor ich die Arbeit an diesem Comic beginne, lasse ich mich tätowieren. Das soll mir Kraft geben.

„Der Frau wird ein Schicksal zugewiesen – ein biologisches Schicksal, eines, dem keine von uns entrinnen kann oder darf. Unser aller Schicksal ist die Mutterschaft.“

Gisèle Halimi

Lyon, Mai 2014

C9 PART DIEU

Oooooh ...
ein kleiner Bebi-Bub!!

Ein ... was?
Na, Sie wissen schon, diese Babypuppen.
Ein richtiger Puppenjunge!
Na DU?

Hach ... wie süß er ist! Und schöne Augen hat er! Sooo blau!
Er bekommt mal helle Haare, das kann man schon sehen. Blond oder schlimmstenfalls ...
brünett!
Rabää ...
Ihr erstes Kind?
Ja, ja ...
Und kriegt er noch ein Geschwisterchen?
Äh ... Gerade ist das kein Thema ... Wir sind auch gar nicht sicher, ob wir mehr Kinder wollen ...

SOLLTEN SIE ABER!
Blond und blauäugig, das ist eine AUSSTERBENDE RASSE!!!

SOLLTEN
SIE ABER!

Blond und
blauäugig,
das ist eine
AUSSTERBENDE
RASSE!!!

Am Abend

Der hättest du die Geschichte deiner Oma vor den Latz knallen sollen!

Dann hätt's der dummen Kuh die Sprache verschlagen!

Du musst echt lernen, schlagfertiger zu sein, Isa.

He, hörst du mir zu?
Isa?

Bei meinen Eltern in Langlande,
August 2014

Du hast doch hoffentlich reagiert, um ihr klarzumachen, was sie da gerade von sich gegeben hat!
Genau!
Was hast du gesagt?
Ich, äh ...
Natürlich hab ich was gesagt! Nämlich, dass meine Großmutter wegen solchen Gedankenguts ihr Kind in einem Nazi-Entbindungsheim zur Welt gebracht hat. Und dass Frauen mehr sind als eine Gebärmutter!
BÄM!
Da hat sie nach Luft geschnappt.
Ist ganz kleinlaut geworden!

Später

Ich hab zugehört vorhin ...
... als ihr geredet habt.
Coole Reaktion auf die dumme Kuh im Bus!
ACH! Lass stecken!

Bei Charlotte und Pa Ming in Oullins, Dezember 2016
Weißt du, was meine Nachbarin neulich zu mir gesagt hat?
„Da haben Sie aber Glück, dass er nicht arg nach dem Papa kommt.
Sieht gar nicht so asiatisch aus.“
Echt jetzt?!?
Und ganz lieb gemeint, null Bewusstsein über die Tragweite ihrer Äußerung!

Wie bei dieser Alten im Bus, von der ich dir erzählt hatte. Da hab ich nicht mal reagiert.
Wenn man die Geschichte meiner Mutter kennt, hört sich so ein Satz gleich noch mal ganz anders an.
Darüber weiß ich ja gar nichts. Was ist denn ihre Geschichte?

Weißt du was?
Ich glaub, ich mache 'nen Comic daraus ...

IN DER SCHULZEIT

Collège La Révolution
in Nîmes, Oktober 1993
Himmler!
... die Konzentrationslager ...
Die grauenvolle Selektion, die jüdische Kinder ins Gas schickte!
Und wisst ihr auch etwas über das andere Selektionsprogramm der Nazis?

Während in Lagern die Juden ermordet wurden ...
... kamen in skandinavischen Nazi-Entbindungsheimen Arier zur Welt: Entvölkerung – Wiederbevölkerung!
LEBE
Auf der einen Seite wird getötet, auf der anderen neues Leben geboren ...
Wisst ihr, was ein Arier ist?

Ja? Emilie?
Das sind große Blonde mit blauen Augen!
LEBENSBORN

Julien, zum Beispiel, arisch solidarisch!
SOLIDE ARISCH!
HAHAHAHAHA

HA HA!!
Und Isa? Die ist auch solide arisch!
HAHA HA!
HAHA!

Ruhe, bitte!!
Vor allem ist es eine Fehlannahme, die zu einer Politik des Rassenhasses erhoben wurde. Und wie ihr seht, hätten die wenigsten von euch hier zu der laut Hitler überlegenen und reinen „Rasse" gehört.
Aber Hitler und Himmler waren doch selbst gar keine Arier, oder?
Stimmt! Hitler war verrückt und fanatisch, das war eben seine Ideologie!
Diese Entbindungsheime nannte man LEBENSBORN.
Das ist ein Neologismus.
Leben + Born = Brunnen/Quelle auf Althochdeutsch.
LEBENS BORN
QUELLE
Die Quelle des Lebens.
Ein hübsches Wort, um Abscheuliches zu kaschieren.

Die meisten gab es von 1942 bis 1945 in Norwegen ...
... und natürlich in Deutschland und Österreich ...
... in geringerer Zahl auch in Belgien, den Niederlanden und sogar in Frankreich!

Von 1942 bis 1945 in Norwegen ...
In diesen Heimen sind 15.000 bis 20.000 Kinder zur Welt gekommen.
Hinzu kommen noch auf der Straße entführte Kinder, manchmal sogar jüdische – denn wir wissen ja, dass es mit diesem Rassen-Ding rein gar nichts auf sich hat.

... DRRRRiiiiNG!!!
Und nicht vergessen: In drei Tagen ist der Test!

Puuuhh ...
Endlich ist diese Stunde vorbei ...

Bis morgen, Isa!
Hasta la vista, Tatiana!

DOCTEUR

klack!

MAMA!!?
Hmmm?
Stell dir VOR!
Heute haben wir in Geschichte was Krasses gelernt! Geht mir nicht mehr aus dem Kopf ...
Hast du schon von Lebensborn-Heimen gehört?
Babys!
... in Norwegen geboren!
... im Zweiten Weltkrieg!
Genau wie ...

... du!

KLAR hab ich davon gehört!
Willst du mir etwa Geschichte beibringen?!!

Ab mit dir!
Geh in dein Zimmer!
Na los!
Ich hab zu tun!
Aber …

NIE kann man mit dir über IRGENDWAS reden!

Anne,
mein Tagebuch

Freitag, 15. Oktober 1993

Hola Anne, was geht ab?
Heute hat uns Frau Oran in Geschichte von
WAS KRASSEM erzählt, vom LEBENSBORN!
So hießen Nazi-Entbindungsheime während des Krieges.
Da wurden arische Babys (blond, blauäugig) geboren,
die zur Nazi-Ideologie passten.
Aber vor allem gab es die meisten dieser Heime in
Norwegen! Wusstest du schon, dass meine Mutter dort
geboren und dann adoptiert wurde …? 1944 geboren!

Auf einmal war mir ALLES klar!

Es hat mich so beschäftigt, dass ich schnell nach Hause bin.
Ich hab's Mama gleich erzählt. Da fragt sie mich,
ob ich ihr jetzt Geschichte beibringen will!
Fast hätte sie mich angebrüllt! Ich glaube, es hat sie
genauso berührt wie mich, aber sie will's nicht an
sich ranlassen …

Die NERVT TOTAL!!!

Dicke
Schmatzer
Isa

ZUR HÄLFTE NORWEGERIN

Ich wusste schon immer, dass meine Mutter in Norwegen geboren ist ...

... und dass sie relativ früh adoptiert worden war.

Mich hat in Norwegen eine andere Mama zur Welt gebracht.
Eine andere Mama????
Aber Oma bleibt meine Mama, sie hat mich aufgezogen und ich hab sie lieb.
Und warum hat deine Mama dich nicht behalten?
Bestimmt, weil es keine einfache Zeit war ... Vielleicht auch, weil sie zu jung war oder zu arm ...
Lebt sie noch?
Ich weiß es nicht ... Vielleicht ...
Können wir nicht versuchen, sie zu finden?

Mal sehen … irgendwann …
Heißt das …
… wir sind auch ein bisschen norwegisch?
Ja, zur Hälfte!

ZUR HÄLFTE!
Französin
Norwegerin

Als Kind habe ich mir eine richtige Fantasiewelt um diese norwegischen Großeltern herum ausgedacht.

Ich stellte sie mir vor wie die Schäferin und den Schornsteinfeger aus „Der König und der Vogel"*.

Jung, fast noch Kinder, verliebt und auf der Flucht.

Auf der Flucht vor etwas Bösem!

* Zeichentrickfilm von Paul Grimault (1980).

Auf jeder langen Autofahrt verschmolzen die Silhouette meiner rennenden Großmutter/ Schäferin und die melancholische Musik, die meine Mutter hörte, zu einer perfekten Einheit ...

... und begleiteten meine Kindheitsträumereien ...

Unsere Familie entwickelte eine Art selbstgefällige Leidenschaft für Norwegen, dieses unbekannte und doch bei uns überall präsente Land.

Trolle zur Deko (Mitbringsel von Reisen)

Echt hässlich, sollen angeblich das Haus beschützen

Flagge (wir sind für die norwegische Mannschaft und nicht für Frankreich)

Jede Erwähnung Norwegens ließ uns die Ohren spitzen und unsere Herzen höher schlagen.

Jeder Mensch norwegischer Herkunft wurde automatisch als eine Art potenzielle Familie betrachtet.

Als Kind kannte ich nur zwei:

Roald Dahl
(britischer Autor mit norwegischen Eltern)

Isabelle Nanty
(französische Schauspielerin mit norwegischer Mutter)

Ich erforschte ihre Gesichtszüge ... und stellte fest, dass sie so etwas wie Cousins sein müssen.

In Wahrheit wussten wir allerdings kaum etwas über Norwegen – und noch viel weniger über die Geschichte der Geburt meiner Mutter.

Diese Faszination hinderte mich keineswegs daran, meine Oma als meine richtige Oma zu betrachten!

Außer ihr hatten wir keine Großeltern kennengelernt.

Nîmes, Mai 1998

Unsere zur Jahrhundertwende geborene Großmutter rief uns der Reihe nach an, um mit uns zu sprechen.

Sie behielt recht und starb in der darauffolgenden Nacht.

Als sie ihre Mutter verlor, wurde meine Mutter wieder zum Waisenkind (von ihren Eltern abgesehen hatte die Familie sie nie wirklich als eine der ihren betrachtet).

Ab diesem Moment begann meine Mutter nach und nach, mehr Licht in ihre Vergangenheit zu bringen ...

DER AUFBRUCH

1998 erlebten wir eine wahre Revolution:
Wir bekamen Internet!

Und, per Mausklick, Zugang zu jeder Menge Informationen.

Das Internet von 1998 hatte mit dem von heute nicht viel zu tun: Bis es Facebook und soziale Medien gab, sollte es noch einige Jahre dauern.

Aber mit wenigen Klicks und vernünftigen Stichwörtern gelangte man schon an die richtigen Stellen und konnte sich von zu Hause aus informieren.

Und sogar recherchieren.

1998-2000 war auch die Zeit, als ...
meine Schwester,
mein Bruder
und ich
BÜCHER
... nacheinander fürs Studium aus unserem Zuhause in Nîmes auszogen.

Ich begann, an der Uni Nîmes bildende Kunst zu studieren, verlor aber schnell den Überblick, fiel durch, wusste nicht mehr, wo's hingehen sollte ...

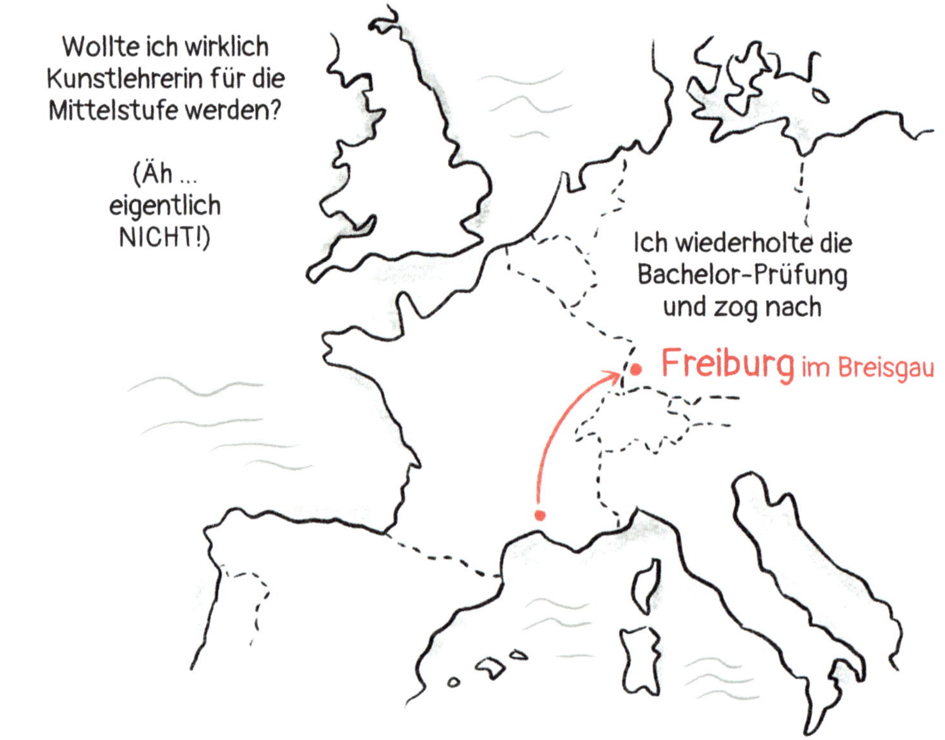

Da ich mit Kriegsfilmen und -erzählungen aufgewachsen war, war meine Vorstellung von Deutschland zunächst untrennbar mit der Nazizeit verbunden ...

... und mit vielen Vorurteilen.

Die deutsche Sprache kannte ich bis dahin nur aus Filmen, allzu oft mit übertriebenem, karikierendem Akzent.

Eine Sprache der Ordnung und Autorität!

In der WG, in der ich lebte, ging es immer mal wieder um den Krieg und die Großeltern.

Ich war stolz darauf, Französin und Nachfahrin von Widerständlern zu sein.

Ich fühlte mich in dem Gedanken bestärkt, zu den „Guten“ zu gehören.

Aber nach und nach baute ich meine Vorurteile ab. Ich entdeckte ein nie gekanntes Gefühl der Freiheit und Toleranz.

Ich bewunderte das Umweltbewusstsein der Deutschen, ihren großen Respekt gegenüber Lebewesen und Natur (in Frankreich ist man im Jahr 2000 noch weit vom Mülltrennen entfernt ...). Sie öffneten mir die Augen für all diese Zusammenhänge.

Deutschland hat mich wachgerüttelt! Ich kehrte bereichert und verändert zurück ...

... mit der Gewissheit, dass ich das Zeichnen zu meinem Beruf machen wollte. Bei der Aufnahmeprüfung für angewandte Kunst in Straßburg fiel ich durch. Nach einigen weiteren Versuchen wurde ich an einer anderen Schule angenommen und zog nach Lyon ...

DIE OFFENBARUNG

Lyon, Februar 2001

Sie konnten meine Akte ganz leicht finden, ich habe eine Registernummer ...
Aber es gibt auch Leerstellen: Mein Austritt ist in der Akte nicht vermerkt ...
1944 gab es überhaupt kein Entbindungsheim in Hurdal ...
Na ja SCHON ... Aber nur während des Krieges ...
Ein Lebensborn-Heim!

Mein biologischer Vater ist ein Deutscher ...
Ein Soldat!
Moment mal ...
Heißt das, wir sind ...
... Deutsche?
Ich hatte nicht mal gewusst, dass meine Mutter angefangen hatte nachzuforschen.

Wie KRASS ...
Das haute
mich um!

Hin- und hergerissen zwischen der Euphorie, die eigenen Wurzeln zu entdecken, gar eine neue Familie,
und einem Gefühl der Schuld.
Ich SCHÄMTE mich!

Lyon, Februar 2001

WAS?
WIE?
WO?

Nîmes, Mai 2001

Der Lebensborn kam an diesem Wochenende kein einziges Mal zur Sprache. In dem Moment wollte niemand von uns darüber reden ...

Nein, von mir hatten sie keine Ahnung.
Außer ... Carrie, die Schwester meiner Mutter. Sie ist noch am Leben ... Die nachfolgende Generation wusste nichts.
Es war ein Schock für sie!
Und nein, zum Tod meiner Mutter haben sie mir nichts weiter gesagt ...
Bestimmt erzählen sie mehr, wenn wir uns sehen ...
Ach, und Arne hat mir Fotos von meiner Mutter und der Familie geschickt.
Ich zeig sie euch ...

Krass ... Sieht aus wie du mit 20, bloß mit Locken!
Glaubst du, das sind Naturlocken?
Der gleiche Blick, sogar das gleiche Muttermal!
Diese Ähnlichkeit ist schon verrückt ...
Ja. Und Lisbeth hat es auch, siehst du?
WOW!

Im Alter siehst du ihr weniger ähnlich ...
War sie krank?
Sie wirkt irgendwie erloschen ...

Ich konnte es kaum fassen, dass meine
Großmutter endlich ein Gesicht erhielt.

Und dass ich einen Onkel habe: Arne ... mit zwei Söhnen.

Und eine Tante: Lisbeth, die drei Kinder hat ...

Minutenlang versuchten wir alle, den Blick unserer Großmutter in jungen Jahren zu ergründen, als läge darin ein Schlüssel, eine Wahrheit!

Dein Name war Gerd Anita Sjöholm, aber alle nannten dich Gerda.

Mit schwedischem ö, weil dein Vater Schwede war.

Opfer?
Schuldige?

Auf jeden Fall hatten wir alle
das Gefühl, offensichtlich darin
verwickelt zu sein und deshalb
Verantwortung zu tragen.

Meine Mutter rahmte
das Foto ein

und stellte es auf ihren
Nachttisch.

Dort steht es noch heute.

DIE RÜCKKEHR MEINER MUTTER NACH NORWEGEN

Oslo, Mai 2001

Meine Mutter flog nach Norwegen, um Arne, Lisbeth und ihre Kinder zu treffen …

Schon mit 18 Jahren war sie per Anhalter im Land herum gereist.
Einen ganzen Sommer lang.

Ende der 1970er-Jahre war sie dann noch einmal dort gewesen, auf Hochzeitsreise mit meinem Vater.

Katherine!
Arne?
KATHERINE
Verrückt ... Wie ähnlich du Mama siehst ...
WOW!
Uni
Rune
Erik

Fast, als wär sie es selbst ...
Ein augenblickliches Gefühl von Liebe und Zugehörigkeit!

Während meine Tante von der Existenz und der Geschichte meiner Mutter erst zur gleichen Zeit erfuhr wie wir die ihre ...,

... wusste meine Großtante Carrie, die Schwester meiner Großmutter Gerda, natürlich über alle Geheimnisse von damals Bescheid ... Als Gerda vor zwölf Jahren starb, hinterließ sie ihrem Sohn Arne, meinem Onkel, einen Brief und zog ihn ins Vertrauen.

Aber ich wollte nicht in dein Leben eindringen ...
Ich hab's niemandem erzählt.
Nicht mal Lisbeth, meiner Schwester. Sie ist sehr sensibel ...
Die Familie ist aus allen Wolken gefallen, als ich deinen Besuch angekündigt habe!

Warum habt ihr euch nicht bei mir gemeldet?
Wir waren uns unsicher ...
Schon heikel, einfach so in deinem Leben aufzutauchen.

Wir wollten nichts durcheinanderbringen ...

... keine Probleme verursachen.

Wir sind sehr froh, dass du selbst zu uns gefunden hast!

Bei Carrie in Ski, Mai 2001

Die Stadt heißt tatsächlich Ski, wie der Sport. Das Wort bedeutet „Holzscheit".

Lisbeth kommt nachher auch dazu.

Hier ist unsere Mutter
aufgewachsen – mit ihren
Eltern, ihren zwei Schwestern
und ihrem kleinen Bruder.

Auch du warst kurz hier, bis
eine Lösung und ein Versteck
gefunden waren.

Annelise!!
Ich bin so gerührt, dich wiederzusehen!
Beim letzten Mal warst du ein ganz kleines Mädchen …
Lass dich anschauen …
Heute ist einer der schönsten Tage meines Lebens!

Hast du es wenigstens gut gehabt?

* Alle Unterhaltungen mit der norwegischen Familie finden auf Englisch statt.

Ich hab dir einige Abwesende vorzustellen ...
Meine Mutter, Edda. Sie war Dänin, wusstest du das?
Oh! Nein.
Mein Vater, dein Großvater Gustav.
Er kam aus Schweden. Und dieses Haus hat er gebaut.
Eigentlich war er Bäcker von Beruf ...
Das ist Anne Berit, meine Tochter.

Und das da meine kleine Schwester, Gerd Anita!
Deine Mutter!
Das war der Sommer, bevor sie Paul kennengelernt hat …
Du siehst ihr sehr ähnlich!

Setzt euch!

Arne, mein Kleiner!
Holst du mir mal mein Fotoalbum von da oben runter?
Danke!

Weißt du ...
Deine Mutter war weder ein leichtes Mädchen noch eine Kollaborateurin.
Man muss sich die Zeiten damals vor Augen führen ...
In unserem Land befanden sich 400.000 deutsche Soldaten ...

400.000…
Das bedeutete damals die Hälfte der gesamten männlichen Bevölkerung, stell dir vor!
Wie wir später erfuhren, war ihr wahrer Auftrag, eine oder zwei Liebschaften mit jungen Norwegerinnen zu haben, die den Rasse-Ansprüchen Hitlers genügten …
So sollten arische Kinder gezeugt und dem Reich zugeführt werden.

Im April 1943 hatte Gerdas Fahrrad einen Platten. Paul, am Schlagbaum in Ski postiert, half ihr, den Reifen zu reparieren.

Fortan winkten sie sich jeden Morgen und Abend zu.

Paul zeichnete gern ...

... und steckte Gerda regelmäßig kleine Bilder zu.

Als sich der Herbst zu Ende neigte, wurden zur Wintersonnenwende und zu Neujahr große Bälle organisiert.

Unter dem Vorwand, die Abende bei Freundinnen zu verbringen, gingen wir beide hin.

Es war Krieg und es war Winter, harte Zeiten also, und diese Bälle ein wahrer Lichtblick!

Dort tanzten wir und aßen, bis wir satt waren – eine Seltenheit damals.

Nach einigen Monaten und vielen Bildchen war Gerda schon mächtig in Paul verliebt.

Noch nie hatte jemand sie so angesehen! Es war, als begänne sie erst durch seinen Blick zu existieren.

Paul war ihre erste große Liebe.

Sie war 17 Jahre alt, Paul 19.

Ein aufmerksamer junger Mann ...

... einfühlsam und sehr nett.

Ich habe sie nie so strahlen sehen wie an diesen Abenden ...

Verliebt hin oder her – Anfang der 1940er-Jahre ging es ganz anders zu als heute! Wir kamen aus einer strengen, sehr lutherischen Familie. Über Sexualität wurde nicht gesprochen.
Außerdem sind die Gegebenheiten im Krieg ganz andere …
Eine Art Dringlichkeit lag in der Luft.

Drei, zwei, eins ...
Frohes neues Jahr!!!
DEUTSCHLAND SIEGT AN ALLEN FRONTEN
Es galt, zu leben. Und zwar im Hier und Jetzt.
Schließlich konnte man morgen schon tot sein.

Anfang 1944 waren mehrere Mädchen aus unserem Umfeld, auch Gerda und ich, in der gleichen Situation:

Wir waren alle ...

Im Übrigen nicht immer die Folge einer romantischen Liebelei ...

Wenn Männer besoffen sind, haben Frauen das Nachsehen.

… schließlich waren die Väter allesamt junge deutsche Soldaten. Als Gerda ihm von der Schwangerschaft berichtete, beruhigte Paul sie und hatte sofort eine Lösung parat.

Später erfuhren wir, dass Paul gleich nach Meldung dieser Schwangerschaft eine Prämie erhielt.

Der Frühling kam und trotz all unserer Bemühungen, es geheim zu halten, fiel unserer Mutter bald auf, dass sich unser Verhalten änderte und unsere Bäuche sich rundeten.

Wir machen es so: Ihr geht nach Oppdal zu meiner Cousine Edna. Da könnt ihr heimlich entbinden.
Eurem Vater sagen wir, ihr fahrt dahin, um Edna mit dem Geschäft zu helfen.
Die Kinder gebt ihr zur Adoption frei und kommt dann zurück.
Und nie wieder ein Wort darüber!
Ich war schon fast 20, ein wenig reifer. Trotzdem hatte ich natürlich Panik, zumal ich mich nicht genau an den Abend erinnerte, an dem wir schwanger geworden waren ...
Ich wollte auf keinen Fall, dass es sich herumsprach, und folgte dem Rat meiner Mutter.

Gerda hingegen wollte lieber in Pauls Nähe bleiben.

Schließlich brach ich allein auf, bevor mein Bauch allzu auffällig wurde.
Im September, zehn Tage vor deiner Geburt, brachte ich ein kleines Mädchen zur Welt.
Anne Berit
Und ich entschloss mich, sie zu behalten.

Auch Gerda bot unserer Mutter zum ersten Mal in ihrem Leben die Stirn, folgte Pauls Rat und zog im Sommer ins Hurdal Verk.

Dieses Landgut war lange eine
Glasbläserei und später ein Luxushotel.
Während des Krieges diente es als eines
der großen Nazi-Entbindungsheime der
Osloer Umgebung.

Heute wird das ideal zwischen See und Wald gelegene Landgut von einer Privatschule mit etwa hundert Schülerinnen und Schülern genutzt.

Carolina
★★★★★
Hurdal Verk Folkehøgskole ist absolut fantastisch. Ein einzigartiger, idyllischer Ort mit großen Außenflächen in einer absolut fantastischen Umgebung.

Linn
★★★★★
Ein schöner, geschichtsträchtiger Ort mit vielen tollen Leuten!

Marta
★★★★★
Spaß pur, großartiges Miteinander und dabei viel gelernt!

Aina
★★★★★
Unglaublich talentierte, wertschätzende und lustige Lehrer. Fantastische Landschaft und super Unterricht. Ich wünsche jedem, es selbst zu erleben.

Aurora
★★★★★
Ich bedaure alle, die diese Erfahrung nicht machen können – es ist wirklich außergewöhnlich!
DAS BESTE JAHR MEINES LEBENS!

Sindre
★★★★★
Wollt ihr ein Jahr erleben, das euer Leben ändern kann? Dann ist Folkehøgskole euer Ding! Für mich war es das beste Jahr meines Lebens.

Wilhelm
★★★★★
EIN GRANDIOSES JAHR!

Julian
★★★★★
Hurdal Verk Folkehøgskole ist eine phänomenale Schule! Schon die Lage ist super: etwa eine Stunde von Oslo entfernt, und trotzdem mitten im Wald. Das Schulgelände ist eine fantastische Umgebung, wo ihr spielen, trainieren oder mit Freunden Spaß haben könnt. Die Lehrer sind unglaublich kompetent, sympathisch und aufmerksam. Ich könnte noch viel mehr schreiben, belasse es aber dabei: HVF ist einfach ein wunderbarer Ort, wo ich das beste Jahr meines Lebens verbracht habe!

Ganz schön absurd, sich diesen traumhaften Ort als Geburts- und Todesstätte der Nazis für über 600 Babys vorzustellen …

Einige Monate zuvor, nach der Meldung ihrer Schwangerschaft, war Gerda bereits für verschiedene medizinische Untersuchungen dort gewesen.

Am Ende erhielt sie eine
Bestätigung mit Stempel:

Sie war
„rassisch wertvoll".

Auch Paul hatte sich untersuchen lassen und
beweisen müssen, keine jüdischen Vorfahren zu haben.

Danach blieben sie ein paar Monate, so lange sie stillten.

Hurdal Verk gehörte zu den größten Lebensborn-Heimen.

Zwischen 80 und 100 Säuglinge waren gleichzeitig vor Ort.

Eine regelrechte Fabrik, die „**perfekte Babys**" produzierte.

Dort hat Gerda dich Ende
September geboren.

Paul wurde Urlaub
gewährt und er
kam zu Besuch.

Pflege, Kinderwagen,
Kleidung ... die Nazis
kümmerten sich
um ALLES.

Gerda hatte keine Ahnung von den Lebensborn-Plänen, doch langsam bekam sie einiges mit: Babys verschwanden, Mütter waren in Tränen aufgelöst.
Paul ließ wenig von sich hören.
Auch die Babys wurden vermessen,
alles Mögliche untersucht.
Manche wurden aussortiert.

Als du einen Monat alt warst, organisierte die Partei eine große Nazi-Taufe. (Weil du zwei Wochen vor Himmlers Geburtstag zur Welt gekommen warst, erklärte man ihn zu deinem Paten.)
Da begriff Gerda, wie sehr sie ins System eingebunden war.
In Panik schrieb sie einen Brief an unsere jüngere Schwester und bat um Hilfe …
Die erzählte unserer Mutter Edda davon.

Auf einer Spazierfahrt am Seeufer hat Edda euch beide dann dort weggeholt.

Offiziell hast du das Heim also nie verlassen!

Das war Anfang 1945, als sich
der Krieg dem Ende zuneigte.

Zu Hause begann ein Albtraum.
Wir hatten alle Angst vor unserem Vater.
Dich ihm zu zeigen, war ausgeschlossen. Eine Teenagermutter zu sein, gar ein Feindeskind zu behalten, stand sowieso außer Frage ...
„Deutsch" war die allerschlimmste Beleidigung.
Um dich zu retten ...
... wurdest du erst einmal versteckt.
Aber Edda fand schnell eine Lösung ...

Die Lebensborn-Kinder waren zur Paria der Gesellschaft geworden. Sie wurden in Heime gesteckt oder misshandelt. Niemand scherte sich um sie.

Doch an einem darfst du nie zweifeln:
Gerda hat dich geliebt!
Sie hat getan, was ihr am besten für dich schien.
Um dich zu retten, dir ein gutes Leben zu ermöglichen.
Ja ... Es mag verrückt klingen, aber an dieser Liebe habe ich nie gezweifelt.
Sie ist tief in mir verwurzelt ...

... als hätte Gerda ein Samenkorn gepflanzt ...
... das in mir aufgegangen ist.
Die An-/Abwesenheit meiner Mutter hat mich mein Leben lang wie ein Geist begleitet.
Dank dieser ursprünglichen Energie konnte ich werden, wer ich bin, und meinerseits Liebe schenken, davon bin ich überzeugt.
Das klingt kein bisschen verrückt! Immerhin habt ihr mehrere Monate auf diesem Bauernhof verbracht, da entstand eine echte Bindung!
Doch eines Tages ...

... kam Edda mit einem Brief zu euch: Sie hatte eine Familie gefunden – Norweger, die in Frankreich, in Paris, lebten.

Allerdings erkrankte der Adoptivvater und der Vorgang wurde gestoppt.

In Sorge um das Kind sprach er mit einem befreundeten Paar, das die eigene Tochter 6 Jahre zuvor aufgrund einer Meningitis verloren hatte ...

So kam es, dass deine Akte bei einer französischen Familie landete ...

Der ganze Prozess dauerte ewig! Erst kurz nach deinem zweiten Geburtstag durftest du endlich zu deiner neuen Familie ...

Ich habe dich nach Paris gebracht. Es war das erste Mal, dass ich mit einem Flugzeug geflogen bin.

Du hast schon ein bisschen Norwegisch gesprochen.

Den ganzen Flug über war dir übel ...

... und bei der Landung warst du voller Erbrochenem.

Ich war sehr gerührt, deine Adoptiveltern kennenzulernen.

Alle haben wir gleichzeitig geweint und gelacht ...

Ich erinnere mich an dieses Gefühl, als wäre es gestern gewesen.

* Wo ist Mama?

Bei deiner Ankunft in Frankreich besaßt du …
… einen schmutzigen Harlekin, von dem du nicht zu trennen warst.
3 Windeln
1 Kleid
1 Weste
1 Wollpullover
1 Strumpfhose
MUMLE GÅSEGG
11 SMÅ GRISER
NIKKE-NAKKE
ASKELADDEN SOM KAPPÅT MED TROLLET
EVENTYR
ASBJØRNSEN OG MOE
5 Bücher
Die Bleistiftzeichnung einer Meerjungfrau, die zusammengefaltet in einem der Bücher steckte und mit „Pà“ signiert war.
(Eine Kurzform von Pàul? Von Pàpa?)

Ach ja! Die Meerjungfrau!
Zu meinem 18. Geburtstag haben mir meine Eltern diesen Ring geschenkt.
Mit der Gravur der Meerjungfrau von dieser Zeichnung.
Aber ja! Genau, wie Paul sie gezeichnet hat!
Kaum zu glauben!
Meine älteste Tochter liebt diesen Ring. Zu ihrem 18. Geburtstag habe ich ihr eine Replik geschenkt.

Paul hat Gerda immer „meine Meerjungfrau" genannt.
Sicher weißt du schon, dass unser Name, Sjöholm, „kleine Insel" bedeutet.
Eine Erhebung im Wasser.
Nein, Arne hat mir nur gesagt, dass es ein schwedischer Name ist.

Ich wusste GAR NICHTS über meine Vergangenheit, und meine Eltern auch nicht ...
Sie haben mir nur erzählt, dass ich ganz schmutzig bei ihnen ankam, mit Mangelerscheinungen und einem starken Saugreflex, als sei ich gerade erst abgestillt worden.
Ich war wild, habe nie gelacht, mich noch lange unter den Möbeln versteckt und nach meiner Mutter gerufen.
Plötzlich war alles anders: meine Familie, mein Land, meine Umgebung, meine Sprache ...
Sogar einen neuen Namen bekam ich!
Kay?
Mamaaa!!
Ich hatte Glück mit meiner Familie: Sie waren sehr liebevoll, geduldig und aufmerksam.
Nach und nach haben wir uns aneinander gewöhnt.

Als ich nach Oppdal kam, habe ich Odward kennengelernt. Wir haben schnell geheiratet. Er hat meine Tochter als seine eigene anerkannt.

Niemand hat je erfahren, dass sie das Kind eines deutschen Soldaten war. Sie konnte eingeschult werden und hatte eine ganz normale Kindheit.

Anne Berit kann es kaum erwarten, dich zu sehen.

Und in dem Brief, den Gerda bei ihrem Tod hinterlassen hat, geht es um all das? Arne hat mir davon erzählt ... Wo ist er? Kann ich ihn lesen?
Genau, der Brief ... Seit deinem Anruf suche ich ihn ...
Hoffentlich kann ich ihn dir bald geben.

Ich glaube, ich höre ein Auto ...
Ah! Da kommt Lisbeth!
Deine Schwester!
Eine ganz Sensible, wirst sehen. Dass du da bist, wühlt sie ziemlich auf.

* Endlich verstehe ich, warum Mama mich weniger geliebt hat ...

Die gleiche Selbstverständlichkeit, auch mit
Lisbeths Familie ... Der Aufenthalt endet
mit einem Besuch auf dem Friedhof,
an Gerd Anitas Grab.

EINE FRAGE

Lyon, Mai 2001

Und weißt du jetzt, woran deine ...
... Mutter gestorben ist?
Nein, das weiß ich nicht ...
Ecole Emile Cohl

Ich wollte sie nicht bedrängen. Es waren so schon viele Begegnungen und Informationen ... Wir werden's bestimmt noch erfahren ...
Mein Bruder kommt uns im Sommer besuchen.
Mit Uni, seiner Frau, und den beiden Söhnen Rune und Erik. Sie sind in eurem Alter.
Später wollen auch meine Schwester und ihre Familie kommen.

ANNELIES

Bei meiner Oma in Paris,
Weihnachten 1990

Ich musste wegen akuter Bauchfellentzündung ins Krankenhaus.

Nach vierstündiger Operation und einem Herzstillstand wachte ich auf.

Ich wurde langsam wieder gesund, fand das Krankenhausleben aber ziemlich öde.

Bald bat ich um Lesestoff, obwohl ich nie ein Bücherwurm gewesen war.

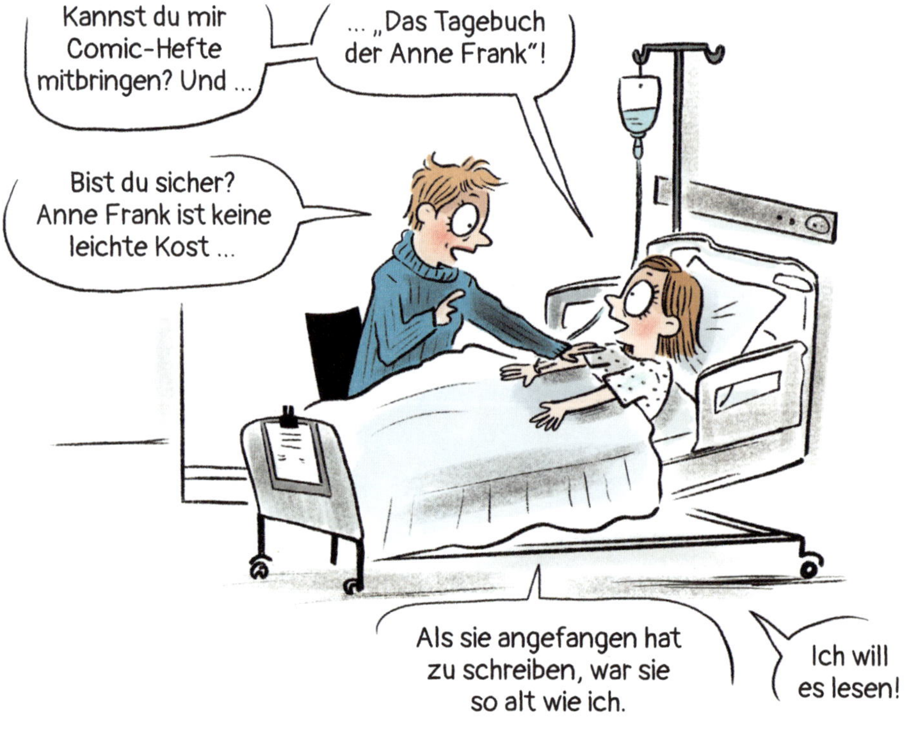

Ich verpasste zwei Monate Schule.

In dieser Zeit
zeichnete ich viel …

… und steckte mich
mit Lesefieber an.

Anne Frank weckte in mir die Freude am Lesen ...
... und vor allem die Freude am Erzählen.
Ich fing an, selbst Tagebuch zu schreiben.
Ich nannte es Anne. Ihr schrieb ich jeden Abend, als wäre sie meine beste Freundin und Vertraute.
Liebe Anne, ich heiße Isabelle. Ich bin elf Jahre alt und letzte Woche hat mein Herz aufgehört zu schlagen ...

Als ich später von den Umständen der Geburt meiner Mutter erfuhr,

hatte ich das Gefühl, plötzlich auf die feindliche Seite zu wechseln ...

Die Parallele ist umso wirkmächtiger, als der eigentliche Vorname meiner Mutter fast derselbe ist wie der von Annelies Frank:

Annelise

(was auch der zweite Vorname meiner Schwester ist)

Im September 1944 wurde Anne Frank ins Lager Bergen-Belsen deportiert ...

... und zur gleichen Zeit kam auf einem norwegischen Landgut eine Annelise zur Welt.

DIE NORWEGISCHE VERWANDTSCHAFT

Langlade, August 2001

Auf einmal hatten wir eine Familie mit den gleichen Vorfahren. Wir entdeckten Ähnlichkeiten …
Guck mal!
Sie haben genau die gleichen Beine!
Gleiche Waden, gleiche Knie, gleiche Knöchel!
Wir spielten wie Kinder …
… und erzählten uns voneinander.
Und weißt du, was er geantwortet hat?
Von Lisbeths Tochter erfuhr ich schließlich am meisten über Gerda.
Beathe, erzähl mir von deiner Großmutter!
Unserer Großmutter!

Ich mochte sie sehr!
Eine Frau voller Leben und so lustig ...
Lustig?
Sie hatte auch eine dunkle Seite, aber ja, sie war lustig.
Sie hatte kein leichtes Leben.
Sieben Jahre nach der Geburt deiner Mutter hat sie geheiratet. Ihr Mann starb an einem Hirntumor, als sie im sechsten Monat mit Arne schwanger war.
Ein Jahr danach hat sie wieder geheiratet und Lisbeth bekommen.
Ich war ihr ältestes Enkelkind und noch dazu ein Mädchen. Wir hatten eine besondere Beziehung ... Vielleicht hat sie mit mir nachgeholt, was sie bei meiner Mutter verpasst hatte ... und bei deiner. Eine Art Übertragung ...
Mit neun Jahren schickte sie mich los und ich durfte mir Süßigkeiten kaufen, solange ich ihr Alkohol mitbrachte.
Dass das was Schlimmes war, hab ich gar nicht verstanden.

Du hast ihre Augen, ihren Blick!
Ich habe ihr Lächeln!
Sie lebt in uns!

Unseren norwegischen Wurzeln nachzugehen, meine Familie zu treffen …

Ich fühlte mich, als seien plötzlich Puzzleteile aufgetaucht, die meinem Selbstbild, vor allem aber meinem Herzen bisher gefehlt hatten.

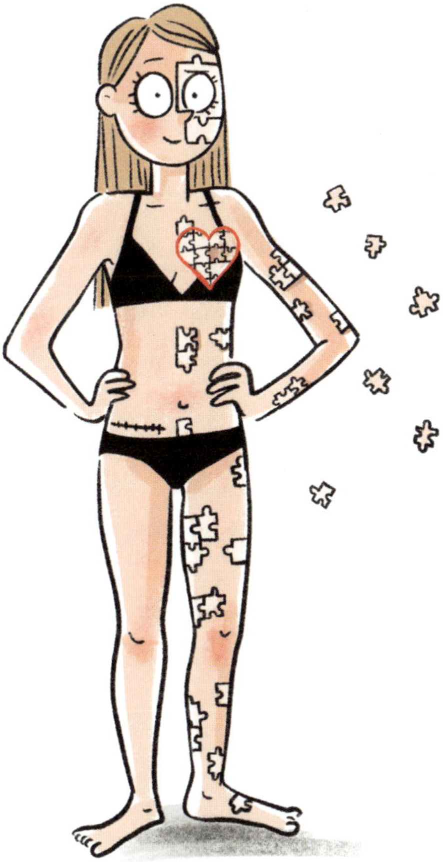

Und was meine Mutter angeht: Seit sie ihre Geschichte kannte, fand sie langsam ihren Frieden.

Eine schmerzvolle Geschichte zwar, doch inzwischen stellen wir uns ihr.

Die Todesumstände meiner Großmutter blieben jedoch weiterhin vage …

Woher weißt du ...?

Na ja ... Als ich gehört habe, dass ihr Todestag ein 1. Januar ist ...
... da war's mir sofort klar!

Sie hat sich an einem Silvesterabend in die Tiefe gestürzt.
Sie war sehr labil, unberechenbar.
Erst bei ihrer Beerdigung haben wir erfahren, dass es dich gibt, und ihr Leid besser verstanden.

Sich in die TIEFE stürzen ...
Was heißt das denn?
Von einer Brücke?
Von einer Klippe?
Von einem Gletscher?
Von der berühmten Trolltunga?

Wenn ich an den Sprung meiner Großmutter denke, stelle ich mir vor, dass sie einfach fliegt ...
... ein bisschen wie bei Thelma und Louise.
Nie, wie sie schließlich aufprallt.

* Drei, zwei, eins! Frohes neues Jahr!

Godt nytt år!!
Godt nytt år!!
Godt nytt år!!
Vom Dach ihres Wohnhauses in der Osloer Innenstadt aus in die Tiefe …
… an einem eiskalten Silvesterabend.

PAUL

November 2003

Das Rote Kreuz ließ uns ein teils auf Norwegisch, teils auf Deutsch verfasstes Lebensborn-Dokument vom Juni 1944 zukommen.

Im Anhang Porträtfotos von Paul und Gerd Anita in jungen Jahren:

Er in Nazi-Uniform,

sie im Blüschen und mit kindlichen Gesichtszügen.

Zum ersten Mal sahen wir Pauls Gesicht. Er hatte ziemlich dunkle Haare, was uns überraschte. Familiäre Ähnlichkeiten waren schwerer zu fassen.

In dem Dokument stießen wir auch auf Pauls gestochene Handschrift.

* Når venter De nedkomsten? .... *September*

Når vil De innlegges på klinikk eller fødehjem? *Juli*

Hvilke omkostninger vil De få? .... *./.*

Skal fødselen foregå i Deres hjem eller hos andre i familien? .... *nein*

Ønsker De å bli anvist et fødehjem? .... *Ja*

Wie verhalten sich die Eltern und Verwandten der Kindesmutter auf Grund der Schwangerschaft Ihr gegenüber? .... *Abweisend* ....

Wo soll die Entbindung stattfinden? Elternhaus — Klinik oder soll eine Entbindungsmöglichkeit nachgewiesen werden? *Es soll eine Entbindungsmöglichkeit nachgewiesen werden (Lebensbornheim)*

Welche Kosten entstehen in der Klinik? .... *./.* ....

Wo soll das Kind nach der Entbindung untergebracht werden? .... *Bei der Kindesmutter.* ....

Wie sind die wirtschaftlichen Verhältnisse der Kindesmutter und deren Eltern? *nicht gut.* ....

Falls auf Grund der Schwangerschaft dringende Hilfe notwendig ist, Gründe angeben: *./.*

Ergänzende Angaben:

Beabsichtigen Sie, die Kindesmutter zu heiraten und wann? *Eine Persönliche Rücksprache mit meinen Eltern ist dafür erforderlich.*

Welche Gründe stehen einer Eheschliessung entgegen? ....

Ist eine Übersiedlung der Kindesmutter nach Deutschland beabsichtigt und wann? ....

wenn Sie nicht bei Jhren Eltern untergebracht werden kann, so kann Sie bei meinen Eltern untergebracht werden, Eine

Kann die Kindesmutter gegebenenfalls bei Ihren Verwandten in Deutschland untergebracht werden? ....

Rücksprache mit meinen Eltern liegt aber noch nicht vor

Wünschen Sie eine Arbeitsvermittlung der Kindesmutter nach der Entbindung in Deutschland (besondere Wünsche angeben): *Wenn Sie bei meinen Eltern untergebracht werden kann.*

Sind Sie bereit, die Vaterschaft des zu erwartenden Kindes anzuerkennen? .... *Ja* ....

Sind Sie damit einverstanden, dass das Kind Ihren Familiennamen bekommt? .... *Ja* ....

Dienststelle Feldpost Nr. 16149 · Gericht

.... *O.U.,* .... den *11. Juni 1944* ....

Paul [redacted]

Unterschrift

* - Wann ist der Geburtstermin? September
- Wann soll die Aufnahme in eine Klinik oder ein Entbindungsheim geschehen? Juli
- Welche Kosten entstehen Ihnen? /
- Soll die Geburt bei Ihnen oder anderen Familienmitgliedern zu Hause stattfinden? Nein
- Wünschen Sie eine Unterbringung der Mutter? Ja

Pauls Auftrag war es gewesen, mit Frau und Kind nach Deutschland zurückzukehren. Doch seine Zeilen machten deutlich, dass er mit gerade mal 19 Jahren eigentlich noch ein Kindskopf gewesen war.

Anhand seines Namens und mithilfe eines Detektivs aus Lyon gelang es meiner Mutter, Paul ausfindig zu machen.

From: Katherine Maroger
To Kathleen Hoehne
Sent: Mittwoch 19. November 2003, 11:59
Subject: Ich habe meinen Vater gefunden*

Hallo Kathleen, es gibt Neuigkeiten: Ich habe die Adresse meines leiblichen Vaters herausgefunden. Er wohnt in Deutschland, aber ich habe keine Ahnung, wie sein Leben war und ob er Kinder hat. Jetzt ist es an mir, ihm zu schreiben – mal sehen, was er antwortet! Hilfst du mir bitte bei diesem kurzen brev**? (Ist er zu förmlich? Nicht so leicht, jemandem zu schreiben, den man nicht kennt.)

Danke im Voraus und bis Samstag!
„Sehr geehrter Herr, es war sehr schwierig, Sie aufzufinden. Laut meiner Geburtsurkunde sind Sie mein Vater und ich wäre sehr froh, Sie kennenzulernen. Ich möchte Sie in keiner Weise stören oder sonst wie behelligen, sondern folge nur dem berechtigten Wunsch, Sie zu treffen.

In der Hoffnung,
bald von Ihnen zu hören

Katherine Annelise"

From: Kathleen Hoehne
To Katherine Maroger
Sent: Donnerstag 20. November 2003 16:18
Subject: re: Ich habe meinen Vater gefunden*

Hallo Katherine, ich freue mich, dass deine Recherchen endlich erfolgreich waren. Alles Weitere wird sich finden … Glaubst du, er versteht kein Englisch? Denn es ist immer besser, genau das ausdrücken zu können, was man selbst im Kopf hat, oder?
Deinen Brief übersetze ich trotzdem gern.

Der Text wurde von Hand auf hübsches Briefpapier übertragen.

* Beide E-Mails sind im Original auf Französisch.
** Das norwegische „brev" bedeutet „Brief".

Dann ab in einen Umschlag,
Briefmarke drauf und losgeschickt!

Nîmes, Weihnachten 2003

Paul!
Mein leiblicher Vater!

Nîmes > Düsseldorf, Februar 2004

Meine Schwester, meine Mutter und ich machten uns auf, Paul kennenzulernen. Mein Bruder hätte auch mitkommen sollen, schob aber im letzten Moment eine Grippe vor. Er konnte die Vorstellung, einem Nazi-Programm zu entstammen, nicht ertragen. Und er hasste diesen Großvater, den er nicht einmal kannte.

Ich hingegen konnte es kaum erwarten, setzte mich unter Druck … Um mich von meiner besten Seite zu zeigen, hatte ich mir die Haare selbst gefärbt und geschnitten …

… mit katastrophalem Ergebnis! Daher trug ich auf der gesamten Reise diese Kappe und war stark geschminkt.

Ich weiß noch, wie unangenehm es mir war, bei meiner ersten Begegnung mit meinem Großvater so schlimm auszusehen. Was sollte er nur von mir denken?

... Don't you know that you're Toxiiiic?
Och NÖÖ!!
Bloß nicht Britney!
Damals waren wir gerade mit dem Studium fertig. Ich arbeitete seit September als Zeichnerin und meine Schwester bereitete sich nach dem Jura-Studium auf ihren Kriminalwissenschaftsabschluss vor.

Am nächsten Morgen …

An dem Tag waren wir eher schweigsam. Alle drei malten wir uns die näherrückende Begegnung aus.

Bei Düsseldorf verfuhren wir uns ... zwei Stunden lang.

Je näher wir seinem Haus kamen, desto mehr stieg unsere Nervosität.

Als mein Großvater aus dem Haus trat, war sie nicht mehr zu halten.

Wir konnten uns kaum auf den Beinen halten.
POCH POCH
Doch die Aufregung verflog schnell.
Die Begegnung war distanziert.
Kein Lächeln, keine Umarmung.
Wir erfuhren, dass er verheiratet und nun Witwer war. Er hatte den Sohn seiner Frau adoptiert, mit der er dann noch eine Tochter bekam. Seit drei Jahren lebte er mit Doris zusammen.
Er war Architekt.
Er mochte Kunst und Zeichnen!

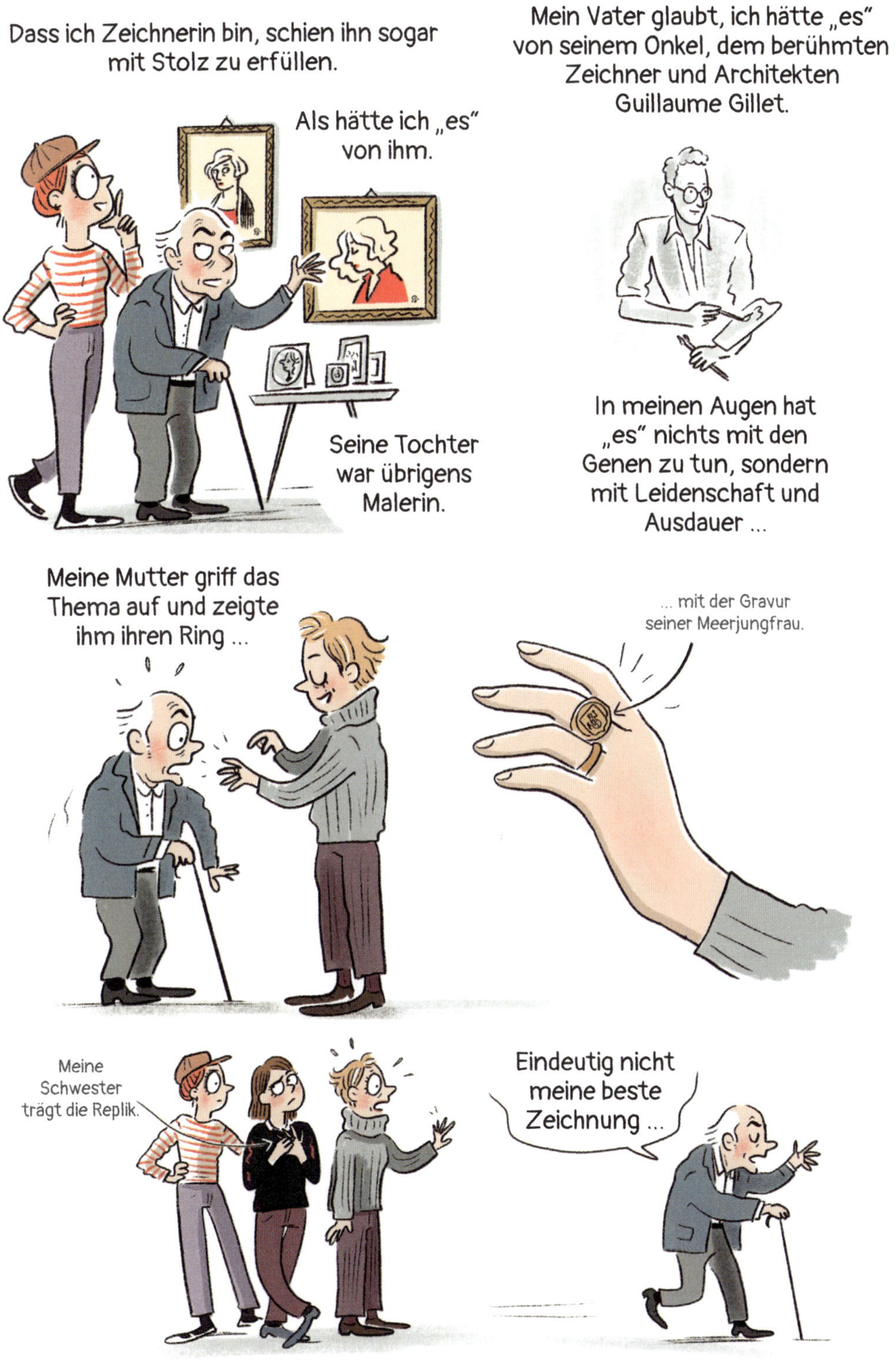
Dass ich Zeichnerin bin, schien ihn sogar mit Stolz zu erfüllen.
Als hätte ich „es" von ihm.
Seine Tochter war übrigens Malerin.
Mein Vater glaubt, ich hätte „es" von seinem Onkel, dem berühmten Zeichner und Architekten Guillaume Gillet.
In meinen Augen hat „es" nichts mit den Genen zu tun, sondern mit Leidenschaft und Ausdauer ...
Meine Mutter griff das Thema auf und zeigte ihm ihren Ring ...
... mit der Gravur seiner Meerjungfrau.
Meine Schwester trägt die Replik.
Eindeutig nicht meine beste Zeichnung ...

Wir spielten zwei Tage lang Familie, indem wir zusammen aßen, seine Kinder kennenlernten

... und Düsseldorf besichtigten.

Die Gespräche gestalteten sich schwierig ... Unser Deutsch-Wortschatz war begrenzt. Zum Glück sprach Doris, Pauls Partnerin, ein bisschen Englisch und Französisch. Dennoch kommunizierten wir mehr über unsere Mimik als über Worte – es ging ums Wetter, das Essen und die Familie. Die eigentlichen Themen vermieden wir ...

Nase und Kinn hat meine Mutter von ihrem Vater.

Das gleiche Kinn habe ich auch.

Meine Schwester hat seine breiten Augenbrauen.

Wir spielten das Spiel mit, ließen sogar ein „Familienfoto“ beim Fotografen machen.

Im Laufe des Gesprächs erwähnte Doris gut gelaunt, sie sei während des Krieges Gestapo-Sekretärin in Bordeaux gewesen.

Wir erfuhren auch, dass Paul zu Beginn des Krieges seine beiden älteren Brüder verloren hatte.

Am letzten Abend überwand sich meine Mutter und brachte das Thema ihrer Geburt auf den Tisch.

Wir wollten die Umstände begreifen.

Was für eine Beziehung hatten er und Gerda eigentlich?

Möchte er eine Erinnerung an Gerda mit uns teilen?

Wie war sie?

Eine Anekdote aus ihrem Leben damals?

Eine aus Norwegen?

Was ist mit Gefühlen?

Außer dass er seine Anwesenheit bei der Geburt meiner Mutter bestätigte (ohne ins Detail zu gehen) ...

... hüllte sich Paul jedoch weiter in Schweigen.

Trotzdem brach er in Tränen aus, als er erfuhr, wie Gerdas Leben zu Ende ging – was ihn plötzlich etwas menschlicher wirken ließ.

Weinte er, weil er Gerd Anita das Leben vermiest hatte? Sich schuldig fühlte?

Weil das, woran er beteiligt gewesen war, so schrecklich war?

Weil er Gerd Anita vielleicht ein paar Monate lang wirklich geliebt hatte?

Am Ende weinten wir alle ...

... trockneten unsere Tränen – und haben uns danach nie wiedergesehen.

Um die eigenen Wurzeln
zu wissen, gibt Kraft,
besser zu wachsen …

… aber auch die Freiheit, sich
davon zu lösen und nach
vorne zu schauen.

NEUMOND

Lyon, 31. Dezember 2013

Siebzig Jahre nach dem großen Nazi-Ball 1943. Zwanzig Jahre nach dem Sprung meiner Großmutter in die Tiefe.

Er füllte dieses Datum schlagartig wieder mit Leben.

Ein neues
Gesicht war zu
erkunden.

Wer bist du?

Wer wirst
du sein?

Gibt es ein genetisches Gedächtnis
für die Taten unserer Vorfahren?

Leben zu schenken heißt auch, sich seiner Zerbrechlichkeit bewusst zu werden.
FROHES NEUES JAHR!!
Ein Leben beginnt ...
... und mit ihm lebenslanges Sich-Vergewissern, ob dieses Wesen im Schlaf noch atmet.
Früher hatte ich keine Angst vor dem Tod ...

WEITERGABE

Lyon, 2. Dezember 2014

Ein Sämling des Kastanienbaums, der Anne Frank in ihrem Amsterdamer Versteck träumen ließ, wurde in meinem Viertel gepflanzt.

Zufällig kam ich genau zur Zeremonie vorbei.

Ich deutete es als Zeichen.

Als Arsène 2 Jahre alt wurde, musste ich an Gerd Anita denken, für die dieser Geburtstag die Trennung von meiner Mutter bedeutet hatte …

Wie hatte sie es nur ertragen, auseinandergerissen zu werden?

Den Schmerz dieser Trennung fühlte ich in meinem tiefsten Inneren.

Der Kastanienbaum steht neben der Schule unseres Viertels, die mein Sohn später besuchte.

Jeden Tag gingen wir morgens und abends daran vorbei.

In dem Jahr, als ich an diesem Comic arbeitete, war das ganze Viertel eine einzige Baustelle.

Vielleicht fragt ihr euch, was aus dem Brief geworden ist, den Gerda hinterlassen hat.

Carrie hat ihn nie wiedergefunden ... Ob er verloren in irgendeiner Kiste liegt?

Mein Onkel und meine Tante haben doch überall danach gesucht.

Wir hoffen weiterhin,
dass er irgendwann
wieder auftaucht.

Zum Trost beschloss meine Mutter, zur Feder zu greifen und sich diesen Brief selbst zu schreiben – getreu den Worten, die Arne noch im Kopf hatte.

Meine liebe Tochter,

bevor ich gehe, schreibe ich dir und hoffe, dass dieser Brief nicht verloren geht, wie du mir verloren gegangen bist. Ich habe mich von dir getrennt, damit du leben konntest. Seitdem haben mich Schmerz, Tränen und Gewissensbisse stets begleitet.
Ich habe jeden Tag an dich gedacht. An dein Gesicht, deine Stimme, dein Lachen und deinen kindlichen Kummer. An die Frau, die aus dir geworden ist.
Tausende Male habe ich davon geträumt, dich im Arm zu halten. Und, ich gebe es zu, tausende Male versucht, dich zu vergessen. Es ist mir nicht gelungen. Dein zerbrechlicher, schmerzerfüllter Geist ist mir überallhin gefolgt.

Heute sterbe ich daran, dich nicht behalten und liebend umsorgt zu haben.

Einige Monate danach begann meine Mutter, ihre Geschichte aufzuschreiben – zunächst für sich selbst, dann für uns. Schließlich zeigte sie sie einer Verlegerin, die sie veröffentlichte („Les racines du silence", Éditions Anne Carrière).

Nîmes, Februar 2023

Immerhin ist es MEINE Geschichte, die du da erzählst!
Hast du schon eine Idee für den Titel?
Wovor hast du denn Angst?
Ich erzähle nur, was passiert ist.
Hm ... Mein spontaner Arbeitstitel war „Lebensborn".
Und inzwischen denke ich, ich bleibe dabei.
Auf KEINEN Fall! Viel zu direkt!! Und ...
... HÄSSLICH!
SO KANNST DU'S NICHT NENNEN!

Siehst du? Schon geht's los ...
Du willst, dass ich was ändere, kannst dich nicht zurückhalten.

Na ja. Langsam müssen wir zum Bahnhof.
Schatz, bist du so weit?

Arsène, du auch?
Pipi, Jacke und auf geht's!

Zug Nîmes > Lyon

Zug Lyon > Nîmes
(am nächsten Tag)
Grrmpf ...
Lassen Sie die Leute doch erst mal aussteigen!
Muss ich mir von so einem sagen lassen, wie man sich zu verhalten hat? Frechheit!
Wo die bloß immer alle herkommen?!!
Da, wo Sie auch herkommen!
Wo wir alle herkommen: aus einem Uterus!

poch
poch
Na, bist du zufrieden mit dir?
Hast du's gelesen?
Äh, nein …
… noch nicht mal.
Hatte ja dein Passwort nicht.

Ich bin immer noch der Meinung, es ist meine Geschichte ...
... also hab ich ein Mitspracherecht!

Na ja, es ist aber auch meine Geschichte.
UNSERE Geschichte, Mama ...

... und auch die von Arsène!

Lyon, Januar 2024

Hallo Romain, wie geht's?
Hallo Isabelle! Gut, und dir?
Setz dich!

Kaffee? Tee?
Zwei Gläser Wasser bitte, eins zum Trinken und eins für die Aquarellfarben.
Danke, Salomé!
Eine Kundin hat übrigens schon ihr Exemplar hinterlegt.

Ok, super!
Ich hol mein Zeug raus und los geht's.
Für wen soll die Widmung sein?
Weißt du's?
Für mich!

* Für Mama

Hurdal Verk, August 2023

Im Sommer 2023 besuchte ich mit meiner Familie den Ort in Norwegen, wo meine Mutter geboren wurde: Hurdal Verk. Der Sturm „Hans“ hatte sich gerade über dem Land ausgetobt und unsere Pläne durcheinandergewirbelt, und ich hatte große Angst, den wertvollen Termin mit dem ehemaligen Direktor der Schule zu verpassen. Am Ende waren wir doch so früh da, dass ich genug Zeit hatte, den Ort in Ruhe auf mich wirken zu lassen. Ich strich in Begleitung meines Partners und meines Sohnes um das riesige Gebäude herum, das inzwischen als Schule dient, an diesem Augusttag aber menschenleer war.
Bald nahm ich schemenhaft die Geister jener jungen Mütter und ihrer Babys wahr: Ich stellte mir vor, wie sie achtzig Jahre zuvor dort zwischen See und Wald gelebt hatten.

Schließlich war es so weit. Wir gingen hinein und plötzlich rannen mir die Tränen nur so übers Gesicht. Zwar hatte ich damit gerechnet, von Emotionen überwältigt zu werden, aber nicht damit, eine lange Weile kein einziges Wort herauszubringen.
Als wir im Eingangsbereich auf unsere Verabredung warteten, betrachtete ich mich in einem großen, alten Spiegel. Sofort hatte ich das Spiegelbild meiner Großmutter vor Augen, die im Laufe der sechs Monate, die sie an diesem Ort verbracht hatte, täglich hier vorbeigekommen sein musste.
John Petter, ehemaliger Direktor der Schule im Ruhestand, stieß zu uns. Nachdem sich das Toben meiner Gefühle gelegt hatte, war ich bereit, seinen Ausführungen über den Teil der Geschichte, für den er sich seit einigen Jahren interessierte, zu lauschen.
Wir durchquerten nacheinander alle Räume, darunter den Geburtssaal, in dem vor ca. achtzig Jahren 601 Babys zur Welt gekommen waren und der heute als hübscher kleiner Lesesaal genutzt wird. Wir stiegen bis hinauf ins Dachgeschoss, wo in Mansardenzimmern die jungen Mütter untergebracht worden waren. In einem

davon, inmitten von Kisten, einem alten Telefon und Tierschädeln, fanden sich aufeinandergestapelt zwei kleine, wohlerhaltene Wiegen, die Originalbettwäsche noch sorgfältig festgesteckt.

Später am Nachmittag saßen wir in einem klitzekleinen Café, um etwas zu essen. Wir hatten vergessen, norwegische Kronen zu wechseln, und wussten nicht, wie wir die Rechnung begleichen sollten. Da bot ich der Wirtin ein Exemplar meines Buches *Tartine* als Bezahlung für unsere Toasts an („tartine" bedeutet Brotschnitte, perfekt also!). Als sie begriff, dass ich es gezeichnet hatte, stellte sie uns ihren Mann vor, der in einer kleinen Hütte direkt gegenüber eine feine Galerie betrieb.
Ich sprach mit ihm über das Malen von Bäumen und Wäldern und erwähnte unseren Besuch in Hurdal Verk. Er sagte: „Dieser Krieg war so schrecklich, dass man das alles lieber im Dunkeln lassen und einen Schlussstrich ziehen wollte, um nach vorne zu schauen und Frieden zu schließen." Ich gab zurück, man müsse im Gegenteil diese Vergangenheit beleuchten, sich ihr stellen, um sich mit ihr auszusöhnen. Im Laufe des Gesprächs erfuhren wir, dass dieser alte Mann mit der Lebensborn-Geschichte vertraut war und selbst die ersten Nächte seines Lebens in einer der Wiegen des Heims verbracht hatte. Tatsächlich hatte man sie nach dessen Schließung im Mai 1945 bedürftigen Müttern überlassen. Seine Mutter hatte sich glücklich geschätzt, eine ergattert zu haben.
So kam es, dass um die hundert kleine Wiegen und weiße Kinderwagen noch lange in der Gegend herumgereicht wurden und bestimmt hier und da weiterhin auf Dachböden zu finden sind – wie die beiden, die wir in Hurdal Verk gesehen hatten.

Am Ende spazierten wir einmal um den See. Alles war noch mit Wasser durchtränkt, doch der Sturm hatte sich gelegt und die Sonne schien.

Der Nazismus war eine Ideologie der Zerstörung, deren Hauptziel in der Vernichtung „minderwertiger Rassen“ bestand. Im Namen des Strebens nach einer „reinen Rasse“ töteten die Nazis beinahe sechs Millionen Juden. Außerdem organisierten sie eine Züchtung von Kindern, die groß, blond und blauäugig werden und das zukünftige Nazi-Imperium – laut Adolf Hitler das „Tausendjährige Reich“ – bevölkern sollten.

Einer seiner engsten Getreuen, der Drahtzieher der Shoah und SS-Chef Heinrich Himmler, wurde mit der Durchführung des Lebensborn-Programms beauftragt, das auf die Förderung der Fortpflanzung von Mitgliedern der „arischen Rasse“ abzielte. In seinem früheren Leben war Himmler Agraringenieur und Hühnerzüchter gewesen und bereits als solcher von der Suche nach Reinrassigkeit besessen – eine Obsession, die er auf die Menschen übertragen sollte, die er als menschliche Tiere betrachtete.

In seinen Soldaten sah er eine „rassische Elite“. Alle Heiratsanträge von SS-Führern mussten ihm vorgelegt werden, denn er wollte sichergehen, dass sie blonde Frauen mit blauen Augen ehelichten. Er drängte sie zur Fortpflanzung: vier Kinder Minimum.

Männer, deren Gattinnen keine Kinder (mehr) bekommen konnten, wurden dazu ermutigt, sich scheiden zu lassen und eine Jüngere zur Frau zu nehmen. Himmler sprach sich sogar für außereheliche Fortpflanzung aus und kritisierte die ablehnende Haltung der katholischen Kirche gegenüber unehelichen Geburten. 1939 befahl er den SS-Männern, so viele Kinder wie möglich zu zeugen – auch mit Frauen, mit denen sie nicht verheiratet waren. Diese Frauen waren es, die zur Niederkunft in die Lebensborn-Heime kamen.

Gedacht waren die Lebensborn-Heime Himmler zufolge zunächst „für die Bräute und Ehefrauen der jungen SS-Angehörigen" und erst dann für die Aufnahme „unehelicher Mütter guten Blutes". De facto bildeten Letztere jedoch die Mehrheit. Sie mussten sich medizinischen und genealogischen Untersuchungen unterziehen, die ihr „arisches Profil" beweisen sollten. Vielfach suchten sie von sich aus den Lebensborn auf. Damit unterstützten sie auf ihre Weise den Krieg.
1935 hatte Adolf Hitler die Rolle beschrieben, die er Frauen zudachte: „Mit jedem Kind, das sie der Nation zur Welt bringt, kämpft sie ihren Kampf für die Nation." Die Frau als Gebärmaschine. Viele von ihnen sahen im Lebensborn eine Chance, der Schande zu entgehen. Er ersparte ihnen eine Abtreibung und bot nach außerehelichen sexuellen Beziehungen, die mit Bloßstellung und Ausschluss aus der Familie einhergehen konnten, einen diskreten, heimlichen Ausweg. Der Lebensborn, so führte dessen ärztlicher Leiter, SS-Oberführer Doktor Gregor Ebner, 1938 aus, schütze die ledige Mutter und ihr Kind vor Angriffen der Gesellschaft „einzig und allein aus dem Gedanken heraus, daß wir Deutsche es uns nicht leisten können, auch nur auf einen einzigen Tropfen guten Blutes zu verzichten". Ihr Kind konnten die jungen Mütter nach der Geburt zur Adoption freigeben oder es wurde ihnen weggenommen. Babys, die das Pech hatten, mit einer Behinderung auf die Welt zu kommen, wurden einer „Sonderbehandlung" unterzogen (das heißt: eingeschläfert).

Insgesamt gründeten die Nazis etwa dreißig Lebensborn-Einrichtungen, deren Größe und Ausgestaltung vom einfachen Verwaltungsbüro bis hin zum Entbindungs- oder Kinderheim variierten. Betrieben wurden von Letzteren

- 11 in Norwegen
- 9 in Deutschland
- 2 in Österreich
- 1 in Luxemburg
- 1 in Belgien
- 1 in Frankreich.

Man nimmt an, dass in diesen Einrichtungen insgesamt 15.000 bis 20.000 Babys zur Welt kamen, die meisten davon in Norwegen und Deutschland. Wurden sie wie Heinrich Himmler an einem 7. Oktober geboren, wies man ihnen den SS-Chef als Paten zu.

Im Wesentlichen waren diese Einrichtungen Entbindungsheime, allerdings gab es auch Heime für verwaiste oder ihren Eltern entrissene Kinder. In den besetzten Ostgebieten entführten die deutschen Kräfte Kinder „arischen Typs". Aus Polen, dem ehemaligen Jugoslawien (Kroatien, Slowenien) und der ehemaligen Tschechoslowakei (Tschechische Republik, Slowakei) wurden Tausende Kinder verschleppt. In den Lebensborn-Heimen mussten sie ihre Muttersprache ablegen und Deutsch lernen. Dann ließ man sie, als Waisenkinder ausgegeben, zur Adoption zu.

THE HOHENHORST BASTARDS OF HIMMLER'S MEN ARE BLUE-EYED, FLAXEN-HAIRED AND PIG-FAT. THEY MUST EAT PORRIDGE WHETHER THEY WANT TO OR NOT

"SUPER BABIES"

Illegitimate children of SS men are housed in a German chateau

Last fortnight LIFE Photographer Robert Capa visited a German chateau which housed a Nazi establishment known as a *Lebensborn*, or "Well-of-Life," home. At the Hohenhorst *Lebensborn* home, as in many such institutions in Germany, live dozens of illegitimate babies who have no father or mother but the now-defunct Nazi state. They are the products of an official government policy of encouraging illegitimacy to keep up the country's birth rate. Soldiers going off to war were urged to do their bit, whether married or not. The government promised to care for illegitimate offspring, to honor and respect unwed mothers.

The Nazi bastards at Hohenhorst, aged 2 to 5, are children of SS men encouraged by Heinrich Himmler to father "super babies." Grown pig-fat under care and overstuffing of Nazi nurses, they now pose for the Allies a problem yet to be solved.

Im Sommer 1945 veröffentlicht die Zeitschrift *Life* eine mit Fotos des bekannten Fotografen Robert Capa bestückte Reportage über die Lebensborn-Kinder. Die harten Schlagzeilen lauten: „Die Bastarde von Himmlers Männern sind blauäugig, flachshaarig und fett wie Schweine", „Zu viel Brei und reichlich Sonne haben dieses Nazi-Baby so fett gemacht, dass es seinen überdimensionierten Kinderwagen komplett ausfüllt". Die Alliierten verorten die unschuldigen Babys ganz klar auf Seiten ihrer feindlichen Erzeuger.

Am 10. Oktober 1947 wird die Lebensborn-Leitung in Nürnberg vor ein internationales Militärgericht gestellt. Von den Hauptanklagepunkten, namentlich Verbrechen gegen die Menschlichkeit, wird sie freigesprochen und lediglich der „Zugehörigkeit zu einer kriminellen Vereinigung" für schuldig befunden.
Das Gericht argumentiert sogar, der Lebensborn sei eine „Fürsorgeeinrichtung" gewesen.

Die betroffenen Kinder nimmt man daher nicht als Opfer wahr. Das Thema wird tabuisiert, selbst in den Familien. Von wenigen Ausnahmen abgesehen ist den Lebensborn-Kindern gemein, dass ihre Mütter und Adoptiveltern ihre wahre Herkunft verschleiern. Erst Mitte der 1980er-Jahre nimmt sich der deutsche Historiker Georg Lilienthal des Themas an und rückt es ins Licht der Öffentlichkeit. Endlich können die in den Lebensborn-Heimen geborenen Kinder das Wort ergreifen. Manchen gelingt es, dank der in Deutschland ansässigen Arolsen Archives (International Center on Nazi Persecution), ihre leiblichen Eltern ausfindig zu machen. Ihre Erfahrungsberichte werden von Journalisten gesammelt und veröffentlicht.

Das medial präsenteste Lebensborn-Kind ist Anni-Frid Lyngstad, die braunhaarige der beiden Sängerinnen der schwedischen Popgruppe ABBA. Sie wurde im November 1945 in Norwegen geboren und ging aus der Beziehung ihrer Mutter mit einem deutschen Unteroffizier hervor. In ihrem Dorf wurden sie deshalb ausgegrenzt, sodass Mutter und Tochter in Begleitung von Annis Großmutter nach Schweden flohen. Die Mutter stirbt (je nach Quelle durch Suizid oder Krankheit) im Alter von 19 Jahren und Anni wird fortan von ihrer Großmutter aufgezogen.

Es soll noch bis 2018 dauern, bis sich die norwegische Regierung offiziell bei den „Deutschenflittchen“ entschuldigt.

1)
Georg Lilienthal
Der »Lebensborn e.V.«
Ein Instrument nationalsozialistischer Rassenpolitik
6)
HURDAL VERK.
GJENNOM ULIKE EPOKER 1755-2020
AV JOHN PETTER STANGELAND
- Silence du Traumatisme
- Quête des origines
- Mémoires cellulaires
nos cellules
3 générations
- Comprendre d'où on vient
Qui ont été ces gens ?
- Comment on interroge le passé ?
- Aryen: Faux concept transformé en politique de HAINE raciale
2)
BORIS THIOLAY
LEBENSBORN
LA FABRIQUE DES ENFANTS PARFAITS
5)
Fabrice Virgili
Naître ennemi
Les enfants de couples franco-allemands nés pendant la Seconde Guerre mondiale
PETITE BIBLIOTHÈQUE PAYOT
7)
Katherine Maroger
Les racines du silence
Vous êtes née en Norvège, à Hurdal, en 1944 ? Alors, vous êtes née dans un Lebensborn.
3)
MARC HILLEL
Au nom de la race
POLEN
JUGENDVERWAHRLAGER 14. IX. 43
Nr. 356
Fayard
4)
Oscar Lalo
LA RACE DES ORPHELINS
roman

DOKUMENTARFILME

Die Kinder der Herrenrasse. Organisation Lebensborn
von James Cohen (Großbritannien, 2012, 45 Minuten),
verfügbar auf archive.org

Lebensborn – The Nazi Nurseries
von Romain Icard (Frankreich, 2014, 52 Minuten), verfügbar auf YouTube

LEXIKON

The Nazi Party: The "Lebensborn" Program (1935–1945)
Eintrag in der Jewish Virtual Library

PODCAST

Une pouponnière nazie en France
Doku von Lénora Krief (Frankreich, 2019, 2 x 29 Minuten), verfügbar bei radiofrance.fr

THEATER

Les petits chevaux. Une histoire d'enfants des Lebensborn
von Séverine Cojannot, Camille Laplanche,
Matthieu Niango und Jeanne Signé (Uraufführung im Februar 2024)

ARTIKEL

The Children of the Nazis' Genetic Project
von Valentine Faure (The Atlantic, Februar 2023)

BÜCHER

1) *Der „Lebensborn e. V." Ein Instrument nationalsozialistischer Rassenpolitik*
von Georg Lilienthal (Fischer Taschenbuch, 2003)

2) *Lebensborn: la fabrique des enfants parfaits – Enquête sur ces enfants qui sont nés dans une maternité SS* von Boris Thiolay (Flammarion, 2014)

3) *Lebensborn e. V. – Im Namen der Rasse* von Marc Hillel (Paul Zsolnay Verlag, 1975)

4) *La race des orphelins* Roman von Oscar Lalo (Belfond, 2020)

5) *Naître ennemi – Les enfants des couples franco-allemands nés pendant la Seconde Guerre mondiale* von Fabrice Virgili (Payot, 2014)

6) *Hurdal Verk. Gjennom ulike epoker 1755–2020* von John Petter Stangeland (Hurdal Verk Folkehøgskole, 2020)

Und das Buch meiner Mutter:

7) *Les racines du silence* von Katherine Maroger (Anne Carrière, 2008)

DANKE

Zuallererst ein großes Dankeschön an die erste mit diesem Projekt befasste Verlegerin Christine Cam. Ohne dich und unser herbstliches Mittagessen 2022 im Oslow in Lyon hätte ich weiter Ausflüchte gesucht, dieses Projekt aufzuschieben, „bis ich besser zeichnen, besser schreiben kann ...“. Du hast mir zugehört und mehr an mich geglaubt als ich selbst – das war der Anstoß, den ich brauchte.
Danke an David Groison, Yaël Eckert, Aline Lefrère und Julia Lamoureux, die das Projekt seitens des Verlages mit großer Begeisterung und stets offenem Ohr weiterbetreut haben.
Danke an meine Schwester Bénédicte fürs Ordnen unserer Erinnerungen und die Bestätigung bei Unklarheiten.
Danke an meine große norwegische Familie: Arne, Lisbeth, Uni, Harald, Beathe, Espen, Cathrine, Marius, Rune und Erik ... Zu eurer Familie zu gehören, macht mich ungemein stolz und glücklich.
Danke an Astrid und John Petter Stangeland für euren Empfang und die gemeinsame Zeit in Hurdal Verk.
Besonderer Dank gebührt Vincent Robert: Die beiden Schreibaufenthalte im Schutz deiner Linde im Morvan haben mich beflügelt. Dein wohlwollender Drehbuchautoren-Blick brachte mich dazu, mir ein Quäntchen Inszenierung und Autofiktion zu erlauben, was meiner Erzählung erst Leben einhauchte (und wo ich schon dabei bin: Danke an meine Workshop-Kollegen Peggy Nille, Fabrice Maruca und François Le Gouic, die meine ersten Leser waren).
Danke an Stefaniya Kamenova fürs Anordnen der Planeten und unseres Projekts um die Rentiere von Spitzbergen. Das hat mein Jahr nicht zuletzt mit nordischen Bildern bereichert.
Danke auch an Andréa Poiret vom Institut Français Oslo für den Zugang zu den norwegischen Foto-Archiven.
Ein großes DANKESCHÖN an meine besten Freunde Mélisande Luthringer, Lucile Placin und Matthieu Jaubert für die Ermutigungen und das gezielte Feedback, wodurch ihr mich beim Aufbau meiner Erzählung vorangebracht und meine wiederkehrenden Zweifel zerstreut habt.
Danke an Lucie Albon, Claude Combacau und all meine anderen Freunde vom Atelier Le Bocal in Lyon, dass ihr mir Spaß und tägliches Gleichgewicht beschert.
Danke an Maud Bénézit und Zelba für unsere Gespräche darüber, wie sich die Realität in Comics übersetzen lässt – und wie man sich selbst gestattet, sich ihrer zu bemächtigen.
Danke an Charlotte Joyeux, Maureen Wingrove und Pa Ming Chiu für jenen Weihnachtsbrunch 2015, wo das Projekt zum ersten Mal in Worte gefasst wurde.

Danke an die drei Grundfesten meines Lebens: Aimé, Arsène und Tartine!

Und natürlich: Danke, Mama!

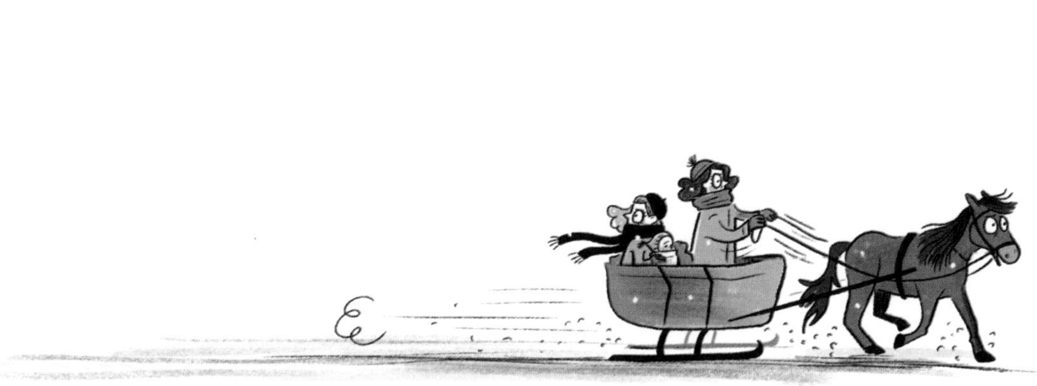

Mehr Graphic Novels von Helvetiq:

Der grosse Zwischenfall
Zelba
978-3-03964-092-8

Alison
Lizzy Stewart
978-3-03964-046-1

Ein ganzes Leben
Tom Haugomat
978-3-03964-066-9

Seek you
Kristen Radtke
978-3-03964-023-2